Sonhar e realizar, é só começar

Sonhar e realizar, é só começar

Patty Pachas

4ª impressão

editora Original

Produção Editorial
PAULO SÉRGIO PRIMATI

Texto
PATTY PACHAS

Revisão
PP EDITORAÇÃO

Foto da Capa
KEYSTONE

Dados Internacionais de Catalogação na Publicação (CIP)
(Câmara Brasileira do Livro, SP, Brasil)

Pachas, Patty
Sonhar e realizar, e só começar / Patty Pachas. - São Paulo: Editora Original, 2002.
Vários Fotógrafos
1. Citações 2. Conduta de vida 3. Felicidade 4. Máximas
I. Título

02-5307 CDD-158

Índices para catálogo sistemático:
1. Felicidade: Psicologia aplicada 158

2006

Rua Lisboa, 502 – 05413-000 – São Paulo / SP
Tel.: (11) 3088 8444 – Fax: (11) 3063 4998
edoriginal@pandabooks.com.br
www.pandabooks.com.br

Dedico este livro a todos aqueles que se identificarem com algumas passagens dele. Gente como a gente.

Um obrigado especial para as minhas fontes de amor e respeito: minha mãe Ilse e meus irmãos Carlos e Manuela.

Se queres ser feliz amanhã,
tente hoje mesmo.

Liang Tzu

Adoro fazer listas: escrevo tudo o que pretendo fazer na semana, no mês e no ano. Assim fica mais fácil estabelecer prioridades.

Começar o regime está em todas as listas.
Mas sempre parece que falta algo ou sobra...

Também estou sempre querendo fazer exercícios, correr, suar...
Mas já me canso quando completo a primeira série de abdominais.

Mas é hora de começar uma vida nova. Mudar aqueles hábitos que não me deixam sair do lugar.

Para começar, vou saudar todas as manhãs
com um grito de "Bom dia"!

Levar o carro para a revisão.

Ser diferente, me destacar.

Aprender outro idioma.

Sonhar novos sonhos, sempre.

Manter a concentração nos meus objetivos.

Encarar o trabalho (até o mais pesado) com disposição e alegria.

Respeitar os horários das refeições.

Quando meu corpo pedir, descansar sem culpa.

Ouvir os mais velhos.

Que tal tirar aquelas férias programadas com a família?

Fazer um curso de informática.

Reconhecer e estar sempre ao lado dos verdadeiros amigos.

Fazer menos reunião e usar
o tempo para colocar as decisões em prática.

Levar o casaco toda vez que minha mãe mandar...

... mesmo se eu for tirá-lo logo depois.

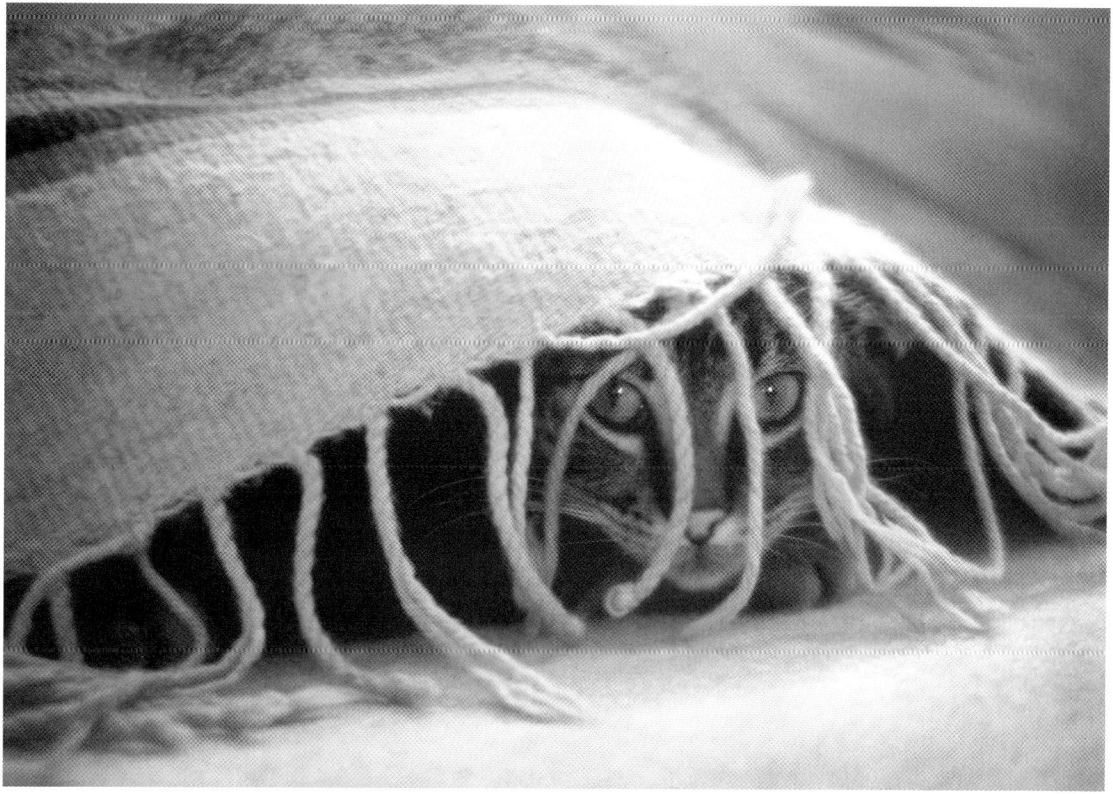

Sair mais, aceitar novos desafios.

Com certeza, será uma boa chance de fazer novos amigos.

Deixar meu lado criança aparecer de vez em quando.
Ou de vez em sempre.

Ter mais tempo para namorar.

Mudar o visual.

Repetir o tempo inteiro: "eu existo e sou muito importante!"

Procurar ser mais flexível.

Encontrar minha alma gêmea.

Falar menos.

Ler mais para me manter atualizado.

Planejar um filhote...

... ou ter mais um.

Mudar de casa.

Não brigar com meus irmãos.

Fazer meditação. Mente harmonizada, vida organizada.

Jogar conversa fora.

Visitar o dentista a cada seis meses.

Viajar, conhecer lugares diferentes.

Trocar de carro.

Procurar outro trabalho.

Não esquccer de marcar o dermatologista.

Acreditar na sorte!

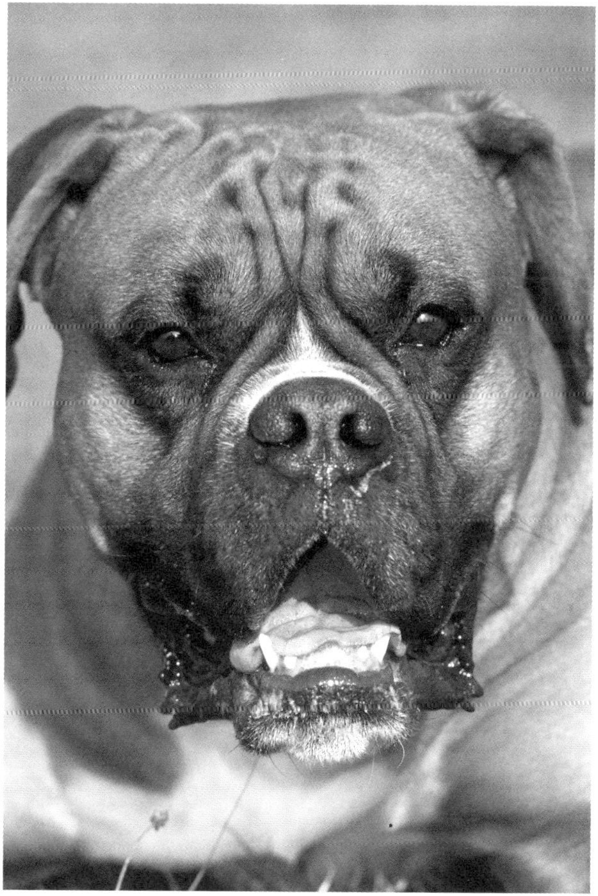

Parar de sofrer com meu time.

Ser o objeto de desejo de alguém.

Mas, calma lá!
Não adianta querer fazer tudo de uma vez.

O segredo é dar o primeiro passo na direção de nossos objetivos. Depois outro e mais outro. Todo dia e toda hora.

Para realizar os sonhos, é preciso começar do começo e ir até o final.
Mesmo se tivermos que reiniciar várias vezes.

Regime? Observe o que está comendo e faça uma avaliação.
Procure se informar sobre alimentação saudável, sem radicalizar.

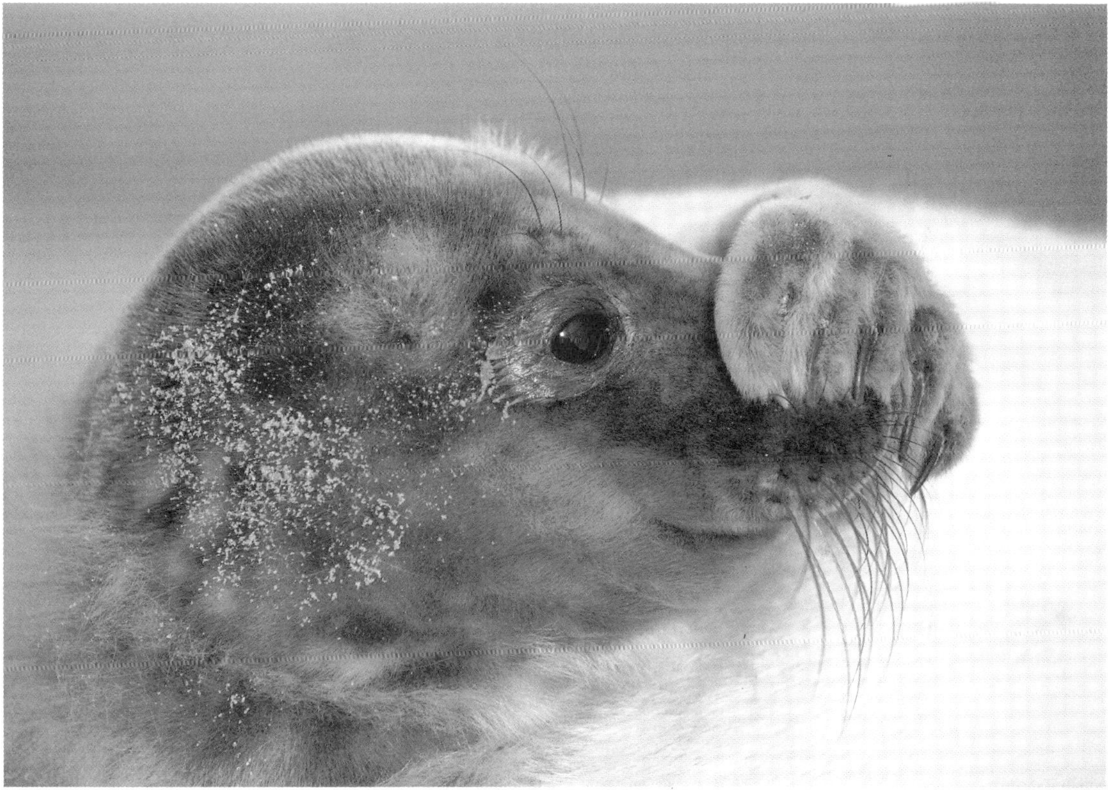

Para perder a timidez, posso...

... me inscrever numa aula de dança...

... ou fazer um curso de teatro. Ser ou não ser, eis a questão!

Praticar esportes e fazer exercícios? Por que não começar com caminhadas leves? O importante é manter um ritmo e uma freqüência. Aos poucos seu corpo irá pedir mais.

Curso? Vá atrás daquele que você realmente gostaria de fazer
(assim ele será o melhor que você já fez).

Mudar de casa? Se possível, ótimo! Mas que tal mudar a sua casa – uma pintura, quadros novos, uma reforma no sofá. Crie, invente!

Sonhar?

Novos e velhos sonhos são sempre um combustível para o nosso dia a dia.

Aprender?
Estamos aprendendo o tempo todo, já reparou?

Namorar?
Como é bom amar, fazer amor, ser amado... Existe algo melhor?

Ser diferente? Aceitar a nós mesmos como somos é um grande desafio. Tratar com carinho os nossos “problemas” vai nos transformando naquela pessoa especial.

Ter idéias, imaginar, criar e aprender são coisas que motivam a minha vida. Não se esqueça: sonhar e realizar, é só começar!

Conheça outros títulos da

Editora Original

O QUE PODEMOS APRENDER COM OS GANSOS
Alexandre Rangel

Lições de cooperação, liderança e motivação para melhorar a qualidade de vida, o ambiente de trabalho e a produtividade da empresa.

AMO VOCÊ!

É um livro para demonstrar seu amor àquela pessoa tão especial. Tudo começa com uma simples troca de olhares, aí o coração dispara...
Um livro perfeito para ser lido a dois!

VIVA FELIZ!

Apresenta maneiras de descomplicar a vida e de como transformar as pequenas coisas do dia-a-dia em instantes de pura felicidade. Um livro repleto de imagens de bebês e crianças, com fotos cativantes e conselhos verdadeiros que revelam como viver é baba!

101 SEGREDOS DOS CASAIS FELIZES

Traz dicas simples para manter o bom humor diante das inevitáveis briguinhas e como interrompê-las na hora certa, além de apresentar a melhor maneira de manter o romantismo e a chama da paixão acesos.

CRÉDITOS DAS FOTOS

AGB Photos

Páginas: 13; 17; 19; 20; 21; 37; 42; 53; 56; 58; 62; 65.

Getty Images

Páginas: 36; 70.

Keystone

Páginas: 9; 10; 11; 14; 18; 22; 23; 24; 26; 27; 28; 30; 32; 33; 34; 35; 39; 44; 45; 46; 47; 49; 50; 51; 55; 57; 60; 64; 66; 67.

Image Bank

Páginas: 15; 16; 31; 38; 41; 48; 52; 54; 59; 61; 63.

Tony Stone

Páginas: 12; 25; 29; 40; 43.

Impressão e Acabamento
GEOGRÁFICA editora